Me pesa mucho la cabeza

Xavier Frías-Conde
Ilustrado por Enrique Carballeira

Copyright © 2018 by Xavier Frías-Conde
All rights reserved. No part of this publication may be stored in a retrieval system, transmitted or reproduced in any way, including but not limited to photocopy, photograph, magnetic, laser or other type of record without prior agreement and written permission of the publisher.

Jade Publishing
P.O.Box 1528
Donna, TX 78537
www.jadepublishing.org
ISBN: 978-0-9985390-9-6

Printed in the United States of America

Me pesa mucho la cabeza

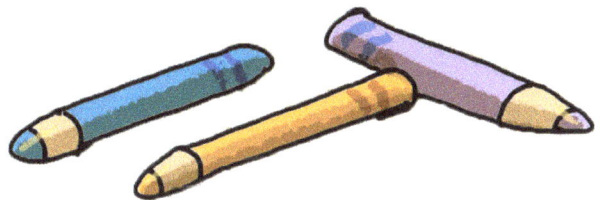

Renata le dice a su madre:

– Mamá, me pesa mucho la cabeza.

Renata está sentada delante de la mesa del comedor, con la cabeza entre las manos. Tiene ocho años y le gusta mucho dibujar príncipes y princesas, pintar historias cuando no tiene que hacer deber, lo cual no sucede casi nunca, porque siempre tiene algo que hacer, la pobrecilla. A la mamá y al papá les gusta que la niña lea, trabaje o juegue mucho, pero siempre con lo que ellos quieren. Nunca le preguntan a la niña si le gusta lo que hace. La mamá le toca la cabeza. A lo mejor tiene fiebre.

Pero no, parece que está bien.

Decide llevarla al médico para que le eche un vistazo a la niña. Llegan a la consulta. Allá hay una señora con cara de repollo que debía haberse dedicado a la cría de caracoles y no a la medicina. Es la doctora. Le dice a la niña:

– Enséñame la lengua, tose, salta de puntillas y di "treinta y tres".

Renata no entiende bien tanta orden y hace las cosas al revés. Le enseña los pies, se suena las narices y salta treinta y tres veces. Al final, la pobre está muy cansada. La doctora cree que la niña le está tomando el pelo, pero es que ella habla muy de prisa y no se le entiende bien lo que dice. La doctora escribe una novela en la receta. Renata tiene que tomar unas pastillitas amarillas cada tres horas. Después, un jarabe que sabe a jugo de moscas.

– Que descanse mucho –aconseja la doctora–. Esta niña está muy cansada.

Ha de reducir su actividad. Renata va a decir algo en ese momento:

– Mamá, yo solo quiero...

Pero la mamá la interrumpe. Ella no debe hablar cuando los mayores tienen la palabra. De vuelta a casa, atiborran a Renata de pastillas y jarabe. Llega el papá y le pregunta:

– ¿Cómo está mi niña?

– Me pesa mucho la cabeza –le explica ella...

– Quieres decir que tienes dolor de cabeza –dice el padre.

– No, lo que me pasa es que...

Pero la niña ya no puede seguir, porque la madre viene a explicar todo lo que ha pasado ese día, lo de las pastillas, lo del jarabe y lo del reposo que ha recetado la doctora con cara de repollo, que ya ni se sabe.

A la mañana siguiente, Renata se levanta y lo primero que dice a los padres es:

– Me pesa la cabeza. Y me pesa más que ayer.

Eso sí que es un problema. Los remedios de la doctora con cara de repollo no funcionan. Luego deciden ir a otro doctor.

Esta vez el papá acompaña a la niña. Van al psicólogo. Esta vez no es alguien con cara de repollo, es un señor con cara de zanahoria. El señor con cara de zanahoria tiene unas gafas de esas que aumentan el tamaño de los ojos. Renata se asusta, porque el psicólogo parece que tiene dos pantallas de televisión en la cara y sus ojos parecen flotar bajo el mar...

– ¿Me cuentas tu problema? –le dice él a la niña.

– Es que me pesa la cabeza porque...

– Ya entiendo –exclama él–. Es un problema de tal y cual, con consecuencias de esto y de lo otro, que provoca cosquillas y ganas de contar chistes de elefantes voladores. Es un síntoma bien claro de escuelitis aguda...

El psicólogo habla y habla mientras por sus gafas parece que echan dos películas al mismo tiempo.

– ¿Eso es grave? –pregunta el padre.

– No. Solo tiene que descansar la niña y hacer ejercicios mentales. Se puede leer este libro de cómo construir pirámides sin salir de la casa. Es muy interesante y con eso hará mucho ejercicio mental.

– A mí –empieza a decir la cría– me pesa la cabeza porque...

Pero el padre la interrumpe, porque no está bien que una niña hable cuando los adultos tienen cosas serias e importantes que decir.

Y así pasa otro día.

Y así, aquel es otro día en que la niña, que puede leer cosas normales para su edad, tiene que leerse un libro feo, horrible, grande, del que no entiende una palabra ni tampoco los dibujos que trae.

¡Es terrible!

Al día siguiente, Renata se levanta. Primero va a la cocina, se prepara un jugo de naranja ella sola, se lo toma y después va donde los padres. Les dice:

– Papá, mamá, me pesa la cabeza...

– ¿Todavía? –exclaman ambos con horror.

Renata ya no puede sostener la cabeza. Hasta le ha crecido de tamaño. Se le cae como si fuera un bulto. Su cuello no aguanta el peso. ¿Qué van a hacer? La madre busca en el desván un antiguo corsé de la abuela. Lo ajusta y se lo pone a la niña alrededor del cuello. Así, al menos, puede sujetar la cabeza entre los hierros.

¡Pero no puede salir así a la calle! ¡Todos se iban a reír de ella! Parece un pinocho mecánico. El papá y la mamá piensan entonces que lo que tiene la hija es bien grave. No la curó el médico primero ni el psicólogo después. ¿Qué van a hacer? El papá llama a su amigo Casimiro.

El hijo de Casimiro había tenido un problema muy grave hacía un par de años. El niño hablaba solo delante del espejo como si tuviera un compañero al otro lado del cristal. Todos estaban convencidos de que el niño se había vuelto loco, pero a nadie se le pasó por la cabeza que, tal vez, sí había alguien al otro lado del espejo. Lo curó un mago que le dijo que la solución era ponerle cuatro espejos en el cuarto. De esa manera, el niño no sabría cuál de las imágenes era la de su amigo fantasma. Pero aquello fue muy cruel, porque el niño ya no supo distinguir a su amigo del espejo del reflejo del amigo ni del suyo propio.

El papá habla con su amigo Casimiro. Y el amigo le da la dirección del famoso mago que arregla todo en cuestión de minutos.

El mago vive en un bosque horrible rodeado de árboles que parecen vivos. Va casi toda la familia en coche: el papá, la mamá, la niña y el gato, que no lo iban a dejar solo en la casa.

Falta la hermana, que entonces estaba de vacaciones con unos amigos haciendo deportes de aventura por las alcantarillas llenas de cocodrilos de ciudad (por lo visto hay cocodrilos por debajo de la ciudad, quién sabe).

Llegan a la vivienda del mago. Es un chalé viejo y lleno de grietas. Tocan el timbre y la puerta se abre sola. Entran. El gato tiene mucho miedo, así que sale deprisa y se mete en el coche. Por suerte, él tiene una copia de las llaves y sabe abrir el coche (es una llave electrónica…)

En la casa del mago está todo muy oscuro. Siguen en tinieblas por un pasillo. Alcanzan un cuarto en penumbra. Allí hay una silla. En ella se sienta una sombra. De ella sale una voz lúgubre que saluda a la familia diciéndoles:

– Sean bienvenidos. Siéntense.

Hay unas sillas. Están llenas de telas de araña. Nadie se ha debido sentar en ellas desde hace meses. Del techo cuelgan una especie de perros voladores enanos. La sombra dice:

– Hablen.

– La niña –empieza a decir la madre– dice que le pesa la cabeza. Lo hemos probado todo, pero es inútil. Ahora ya tiene una estructura de hierro para que se la sujete, porque, si no, se le cae para los lados.

El mago no se mueve. No hace preguntas, solo come semillas de girasol. No se le ve comer las semillas de girasol, pero el suelo está todo cubierto de cáscaras y se siente el sonido de ellas cuando el mago las rompe a dentelladas. Parece estar meditando mientras come semillas de girasol. Su sombra sigue inmóvil durante unos minutos, hasta que al final dice:

– Es un mal de oreja.

– ¿De oreja? ¿No querrá decir de ojo? –osa preguntar la madre.

– No, es de oreja, que es peor que el de ojo, porque no se ve, pero se oye. Qué sabio era aquel mago…

– ¿Que tenemos que hacer? –le preguntan los padres de Renata.

– Bueno, yo le hago un conjuro ahora y después ya se la llevan para casa.

Mañana por la mañana la niña está perfectamente, seguro.

– Pero si yo quiero… –comienza a decir la cría, pero el padre y la madre le ponen la mano en la boca para que se calle. ¿Cómo puede ser tan maleducada esa cría que siempre quiere decir algo cuando los mayores están hablando? Y entonces, el mago, que va todo cubierto con una capa negra, no se sabe si es el color o es que está llena de porquería, se pone a bailar alrededor de la niña.

Dice unas cosas incomprensibles. Nadie sabe qué está recitando. Hasta lleva una jarra con agua y desparrama gotas por aquí y por allá. Desde luego baila peor que un rinoceronte cojo, pero golpea el suelo con tanta fuerza como ese animal. Después vuelve a sentarse donde estaba y dice:

– Sesenta dólares por el ritual.

Los padres pagan sin replicar, salen, suben al carro y se vuelven para la casa. A la mañana siguiente, los padres se despiertan primero. Están ansiosos de oír lo que dice la niña. Están muy nerviosos.

La niña se levanta con su aparato alrededor del cuello. Renata cree que va a necesitar una grúa colocada en el techo para poderse levantar dentro de poco.

– ¿Te pesa la cabeza tanto como ayer, mi reina? –le pregunta el padre.

– No... –dice ella.

Los padres respiran tranquilos.

– Me pesa aún más –añade ella.

Los padres no dan crédito a lo que oyen. ¿Cómo es posible?

– ¿Puedo sentarme en la mesa, agarrar unos lápices de colores, una hoja y...? –empieza a preguntar la niña.

– No, no, no... –responde irritada la madre–. Tienes que acostarte en el sofá hasta que encontremos una solución.

– Es que yo quiero... –empieza a decir ella, pero los padres no la escuchan.

Y mientras, suena el teléfono. Lo contesta el papá.

Es la abuela.

El papá cuenta el problema que tienen con la niña, todos los remedios que han probado, desde el médico hasta el mago, pasando por el psicólogo.

La abuela escucha pacientemente. Cuando su hijo acaba de hablar, ella le dice:

– Pues no sé, hijo, yo diría...

Pero el padre de Renata no escucha. La madre le pide ayuda para ponerle el suéter a la niña, porque con aquel aparato alrededor de la cabeza no hay manera de metérselo.

Por la tarde, los padres de la niña duermen una siesta. Renata aprovecha el tiempo. Enciende la computadora de su cuarto y se pone a navegar... casi siente el viento que le enfría la cara.

Por internet se encuentra más gente con su problema. Incluso ve fotos: son todos ellos gente con la cabeza enorme. Renata empieza a entender lo que le pasa. Pero la cabeza le pesa tanto... Sin embargo, tiene una idea. Solo hay una manera de que el padre la escuche: enviándole un correo electrónico, porque es la única cosa a la que le presta atención. Y lo mandará con copia a la madre también. Y empieza a escribir un mensaje...

Cuando el padre se levanta de la siesta, la primera cosa que hace es ir a ver su correo en la computadora. Descubre que tiene un mensaje. Pero no es del trabajo. Ni de un cliente. Ni siquiera de un amigo. Es de una tal Renata.

"Qué simpático", piensa, "esta señora se llama igual que mi hija". Y lee el mensaje, que dice:

Estimado Ernesto:

Me llamo Renata y tengo un gran problema. Quiero contar algo pero nadie me escucha. Por eso, le envío este documento anexo.

Atentamente

"Que antipática es la gente, que no sabe escuchar", piensa el padre de Renata. Y abre el documento. El documento es un cuento. El padre de Renata no entiende nada. Va a llamar a la madre, que viene enseguida. Ella lee también el mensaje y el documento.

La madre reconoce que el cuento es muy bonito. Y entonces llega otro mensaje. En la computadora aquello suena con un "tilín" que parece una campanilla. El padre abre el correo y ve otro mensaje de la misma Renata. El mensaje dice:

Estimado Ernesto:

Si no le importa, dele unas hojas de papel a su hija, junto con unos lápices de colores.

Y saludos a su mujer.

Atentamente

El padre de Renata está atónito, pero hace lo que le dicen en el mensaje, porque, siempre que alguien le escribe un mensaje, debe tratarse de algo importante y él nunca se lo toma a broma. Los padres van donde la niña. La encuentran delante de su computadora. La pobrecilla tiene que sujetar la cabeza con la ayuda de un gancho.

– Ah, ¿pero la Renata del mensaje eras tú? –pregunta el padre.

– Pues claro, ¿conoces a alguna otra? –pregunta la niña.

– ¿Pero por qué no nos has dicho lo que querías? –pregunta la madre toda sorprendida.

– Desde hace tres días yo solo pretendo decirles que quiero escribir una historia que se me ha ocurrido. Quiero hacer unos dibujos bonitos con ella. Por eso les pedí además papel y lápices de colores y todo eso.

Los padres se miran.

– Y como ustedes no me dejan hablar –sigue la niña–, tuve que buscar otra manera de decirles lo que quiero.

Los padres tienen cara de muy, muy tontos. La madre saca del cajón un cuaderno con las hojas todas blancas. El padre saca de su portafolio unos lápices de colores preciosos.

La niña se levanta, pero los padres tienen que ayudarla a retirar el gancho. Se sienta en otra silla delante de la mesa de estudio y comienza a escribir y dibujar. Está muy contenta, se le pone una carita muy simpática, con una enorme sonrisa entre los labios.

Los padres no paran de mirarla. Se dan cuenta de que poco a poco la cabeza va disminuyendo de tamaño. Y justo cuando la niña acaba su cuento, todo lleno de imágenes, ella les dice:

– ¡Ya está!

Y entonces, los padres descubren que la cabeza de la niña ha vuelto a su tamaño normal. Le quitan el viejo aparato.

– ¿Qué has hecho? –le preguntan los padres.

– Escribir este cuento...

Y ella se lo lee. Es la historia de dos dinosaurios sordos que no comprenden lo que les dice su huevo, porque piensan que los huevos no hablan... Entonces los padres de Renata por fin comprenden que la cabeza de la niña crecía y crecía porque no podía liberar su imaginación.

¿Por que serán a veces tan extraños los mayores?

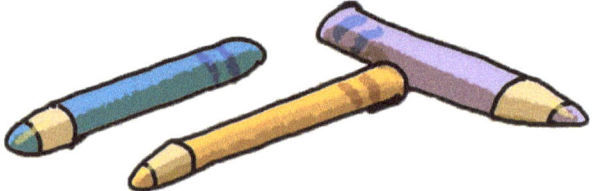

Xavier Frías-Conde nació en Bejar, Salamanca, España, en 1965. Desde pequeñito quiso contar historias. Ahora, de mayor, casi no sabe hacer otra cosa. Para él, escribir es casi tan importante como comer. Por eso, ha publicado decenas de libros para niños. Además, es un bloguero apasionado. Muchos de sus cuentos están en www.fabulandia.org . Además, tiene obra en español, gallego-portugués, italiano e inglés. Viaja constantemente por America y Europa, y siempre encuentra inspiración para sus cuentos. Su tema favorito son los monstruos domésticos, sobre todo el de los calcetines. Y un secreto: Xavier cree que dichos monstruitos existen.

www.ingramcontent.com/pod-product-compliance
Lightning Source LLC
Chambersburg PA
CBHW040752020526
44118CB00042B/2926